P, B, M.

FRANÇAIS

ALPHABET PHILOSOPHIQUE

OU

NOUVELLE METHODE

DE LECTURE.

Imprimerie de I. DEDÉ, à Cognac.

P, B, M.

FRANÇAIS

ALPHABET PHILOSOPHIQUE

ou

NOUVELLE METHODE

DE LECTURE.

Ouvrage facile, entièrement neuf, utile à touts les péres de famille, à touts les Instituteurs et à toutes les personnes qui désirent acquérir une belle prononciation, applicable à touts les modes d'enseignements, facilitant extraordinairement l'étude de toutes les langues et pouvant servir d'introduction à une grammaire générale.

Par BOURQUIN Théodore-Antoine, Officier de santé à Pérignac, *(Charente-Infé-rieure),* né à Pons, même département.

Lecteur, qui que tu sois, prononce ici PE, BE, ME.

PREMIER VOLUME.

A COGNAC,

chez I. DEDÉ, Libraire, rue d'Angoulême, N.º 36.
à PERIGNAC, chez l'Auteur.
1833.

A MES ENFANTS.

Mes chers Enfants,

Le désir de vous apprendre à lire et de commencer moi-même votre instruction; le dessein de réussir en mes projets sans employer les alphabets ordinaires, dont les plans me paraissent incomplets, arbitraires et peu méthodiques; l'imperfection des métho-des suivies et mises en usage jusqu'à ce jour, m'ont tout-à-fait déterminé, non seulement a rechercher pour vous quelques nouveaux moyens ayant pour base un plan d'éduca-tion en rapport avec les nombreuses obser-vations que je me suis faites sur l'enseigne-ment en général, mais encore m'ont conduit à la découverte de plusieurs procédés que je crois devoir rendre publics, soit parce qu'ils sont nouveaux, extrémement faciles et ra-pides, soit parce qu'ils sont certains et d'une application générale. J'ai donc fait pour votre éducation, divers ouvrages à la tête des-quels, figure et doit nécessairement figurer le P B M. français, petit volume in-16, fait pour la pratique seulement et ne conte-nant rien, où pour ainsi dire rien, sur la théorie du plan que j'ai suivi, ni sur les motifs qui m'en ont fait adopter les bases.

Quelque imparfait qu'il soit, j'ose avec une entière confiance le livrer a l'impression. Puisse-t-il mériter l'attention du public et surtout celle de touts les hommes curieux d'approfondir ce qui fait et doit faire l'objet de leurs études.

Dans la persuasion intime où je suis, que touts les instituteurs et même plusieurs péres de famille me sauront infiniment gré des peines que ce faible ouvrage leur évitera ; dans l'espérance fondée , que les français l'adopteront avec un enthousiasme d'autant plus grand, qu'il le connaîtront mieux ; dans la conviction profonde qu'ils en retireront le plus grand fruit possible p our leurs éléves et pour eux-mêmes dans la comparaison de leur propre langue avec une langue étrangére quelconque, je n'éprouve aucune crainte de le soumettre aux méditations de la majorité de mes compatriotes. Du reste j'ose espérer, non sans quelque justice, qu'ils ne

me jugeront pas sans m'entendre, et que,
loin d'être fixées sévérement sur cette pré-
mière partie d'un ouvrage qui demanderait
un esprit vaste et approfondi sur les matières
qui ont trait à l'enseignement de toutes les
langues, de touts les arts et de toutes les
sciences, leurs critiques savantes et raison-
nées et leurs connaissances spéciales beaucoup plus étendues que les miennes, ne
seront employées que pour me prêter secours
soit pour rendre plus parfaits les points
nombreux, qui ont du probablement m'é-
chapper, soit pour rendre plus complets
ceux que je n'ai pu toucher que d'une
manière trop succincte.

Si, comme premier fruit de mes veilles et
de ma sollicitude paternelle, ils daignent
accueillir avec une bienveillance marquée
cette première publication et par là, m'en-
courager à développer plus amplement mes
idées, je prends l'engagement de livrer

successivement a l'impression les autres parties du **P B M.** français et touts les autres ouvrages qui complettent le plan que je me suis créé, que j'ai fondé sur des bases solides et invariables et que j'adopte pour votre éducation, dont je me charge spécialement, au risque d'éprouver les nombreux désagréments que votre jeune âge, votre inéxpérience et mes autres occupations peuvent journellement me susciter.

En attendant, mes chers enfants, que mes compatriotes portent, avec cette juste impartialité que j'attends d'eux et que je leur connais, un favorable jugement sur l'utilité de ce curieux ouvrage, et sur l'avantage qu'ils vont en retirer, veuillez répondre à l'attachement de votre pére; veuillez également, en l'écoutant toujours avec attention, et ne cesser de le seconder de tous vos efforts, soit pour vous mettre a même de pouvoir seuls continuer le plan extraordinaire qu'il ose entreprendre ; soit pour vous en servir quelque jour ; soit enfin pour le transmettre à la postérité dans le cas où la providence viendrait à l'appeler avant d'y avoir mis entiérement la main.

Recevez les embrassements d'un pére qui vous aime avec tendresse, ne travaille que pour votre propre bonheur et s'estime trés heureux de pouvoir se dire

votre premier Instituteur.

BOURQUIN.

Périguac, le 15 août 1838.

P, B, M.

FRANÇAIS,

PREMIÈRE PARTIE,

PRATIQUE.

CHAPITRE PREMIER.

ALPHABET USUEL.

§ 1.er *Demande.* Qu'est-ce qu'un Alphabet ?

§ 2. *Réponse.* Ç'est un tableau ou plutôt un livre ou les 25 *lettres usuelles* sont classées et représentée s dans l'ordre suivant : a, b, c, d, e, f, g, h, i, j, k, l, m, n, o, p, q, r, s, t, u, v, x, y, z.

§ 3. Lorsqu'on nomme ces lettres en grec, on prononce *alpha, bétha,* d'ou les noms *alphabet* et *ordre alphabétique,*

§ 4. Lorsqu'on nomme ces lettres en français, on prononce à, bé, çé, d'où les noms *àbç, àbéçé* et *àbéçédaire ;* de sorte que le nom et la prononciation de chaque *lettre* ou de chaque *caractère* varient selon la langue dont on se sert.

1

§ 5. *D*. Cette maniére de n'admettre dans l'Alphabet que des *lettres simples* et de ne leur donner que des noms grecs, français, anglais, allemands ou autres etc...... Est-elle bien convenable lorsqu'il s'agit d'apprendre a lire à un individu ?

§ 6. *R*. Non. 1.° Parçeque cet individu retient moins facilement les nombreuses acceptions que l'on donne a une même lettre; 2.° Parçeque, par la, tout devient confus, non seulement pour lui, mais même pour l'Instituteur qui ne peut montrer que ce qu'il a appris; 3.° Enfin, parçeque cette maniére *d'épeler*, dite *épélation* ou *appel des lettres une a une et en toute rencontre*, rompt a chaque instant l'analogie; donne une prononçiation différente a la même lettre, quand elle est isolée et quand elle est réunie a d'autres caractéres; oblige de retenir les noms de quatre ou çinq lettres, de même que leur signification particuliére et leur signification générale; fatigue inutilement la mémoire, et exige en somme un temps infiniment plus long, ainsi que l'expérience le démontre et peut le démontrer a qui en doute encore.

§ 7. *D.* Quel est donc selon vous, le moyen le plus convenable a employer pour enseigner a lire? ou pour mieux dire, faites nous connaître la meilleure méthode de lecture?

§ 8. *R.* C'est sans contredit, le P B M. français, ouvrage facile, entièrement neuf, le plus philosophique et le plus complet que je connaisse sur un pareil sujet.

§ 9. *D.* Veuillez, nous mettre sur la voie de cette nouvelle méthode, en rangeant ici les 25 lettres de *l'Alphabet usuel*, de manière a pouvoir facilement faire la comparaison de l'ordre de ces lettres, tant dans cet Alphabet, que dans le P B M. Veuillez également désigner distinctement les lettres, de même que les signes simples, doubles, composés, ou complexes, qui se trouvent y avoir une signification exactement semblable?

§ 10. *R.* Votre demande est juste et vous n'avez, pour être complettement satisfait, qu'a jeter les yeux sur les tableaux qui sont placés a la suite

du deuxième chapitre.   Seulement ayez soin
de vous souvenir qu'il faut :

1.° Y lire les *symphònes* ou signes-consonnes
horizontalement, c'est a dire, en suivant chaque
ligne horizontale ou tout simplement chaque
ligne.

Exemple :

p, b, m; pp, bb, mm; f, v, h; ff, vv, hh; ph ;
u, w; pf, uu, sh; k, g, cç, gz; kk, gg, cks, cgz;
ch ,j, tch, dg; sch, gg, x, j; t, d, n; tt, dd, nn;
s, z, ts, dz; ss, zz, th, dh; r, l, ï; rr, ll, ii;
ll, y, gn; ill, iy, ign.

§ 11 2.° Y lire les *phònes* ou signes-voyelles et
les autres signes, *verticalement*, c'est a dire, en
suivant chaque *ligne verticale*, appelée dans
ce cas, *colonne*.

Exemple :

1.° (1, 2, 3, 4, 5, 6, 7, 8, 9, 10, 11, 12).
2.° (è, ë, é, è, a, à, ò, o, ou, eu, ù, i).
3.° (. : , ; ! ? *, §, ( ), « », [ ], ═).

CHAPITRE DEUXIEME.

P B M. FRANÇAIS.

§ 12. *D.* Qu'est-ce que le P B M. Français ?

§ 13. *R.* C'est un tableau ou plutôt un livre ou touts les *principaux signes* de la langue française sont classés et représentés dans un ordre qui convient *à toutes les autres langues.*

§ 14. *D.* Pourquoi nommez vous le P B M Français, *un Alphabet philosophique* ?

§ 15. *R.* Parçeque dans toutes les langues la prononçiation des signes correspondants à ceux du P B M. est la même et exige les mêmes mouvements des organes de la parole.

§ 16. *D.* D'où vient le nom de P B M ?

§ 17. *R.* De la prononçiation universelle de ces trois premiers signes-consonnes.

§ 18. *D.* Pourquoi dites-vous que çet ouvrage

est le plus philosophique et le plus complet qui existe en ce genre ?

§ 19. *R.* Parceque c'est une vérité que démontre l'inspection des tableaux synoptiques ci-joints où vous trouvez non seulement un cadre contenant touts les signes que doit parfaitement connaître celui qui veut apprendre à lire et somme toute, plus complet et plus méthodique que touts ceux qu'on a habitude de vous montrer, mais encore, vous y trouvez entiérement remplies, les lacunes et les omissions qui existent dans l'Alphabet usuel. Ce qui vous sera plus amplement développé dans le volume qui donnera la théorie du P B M. Français.

§ 20. *D.* Puisque dans le P B M Français, vous présentez tout ce qu'on emploie journellement dans l'écriture, vous devez en donner le nom et l'explication, veuillez alors pour me confirmer dans cette opinion, me dire ce que vous entendez 1.º Par lettres, (*lettres-voyelles* et *lettres consonnes*); 2.º Par accents; 3.º Par signes; 4.º Par chiffres; 5.º Enfin par points ou signes de ponctuation, etc....,?

§. 21. *R.* Pour vous prouver que le P B M. Français est le premier ouvrage qui procéde ainsi et
qui compte au nombre de ses diverses et im-
portantes améliorations, celles que vous venez
d'indiquer, je vais vous satisfaire et tâcher de
répondre à toutes vos questions de manière a ne
vous laisser rien à désirer. Veuillez toute fois
examiner avec attention les 5 tableaux du troi-
sième chapitre, et si vous voulez en faire la
comparaison avec fruit, observez et suivez exactement les numéros affectés aux mêmes *lignes* et
aux mêmes *colonnes*. (*Voyez* § 10 et 11); tant
dans les tableaux (N. 1, 2, 3, 4,) du P B M. FRAN-
ÇAIS, que dans le tableau (N. 5) de l'alphabet
usuel perfectionné d'après la théorie du P B M.
Voyez du reste pour l'explication de quelques
nouveaux mots et pour divers détails, les para-
graphes des chapitres qui suivent.

§. 22. *D.* Pensez-vous que les Français et les
autres peuples renonceront à leurs alphabets
actuels, pour adopter votre nouvelle méthode
dite alphabet philosophique.

§. 23. *R.* Oui, si les uns et les autres tiennent à perfectionner *à peu de frais* ce qui mérite de l'être. Car il est maintenant à votre connaissance et à celle de la plupart de mes compatriotes, que, si dans cet alphabet usuel, qui depuis longtemps est reconnu incomplet et insuffisant pour l'enseignement de la lecture, les 25 lettres simples qui le composent, sont rangées dans un ordre dont l'usage remonte à la plus haute antiquité, elles n'en sont pas moins rangées dans un ordre *tout-à-fait arbitraire*, et en outre présentées toujours isolées, sans explication aucune ni sur leur prononciation, ni sur leurs dénominations, ni sur les règles qui donnent la manière de les joindre, de les lire et de les prononcer. Elles sont même présentées sans aucun mot sur l'emploi d'une foule *d'autres signes* qui demandent a être connus et appris en même temps que ces lettres simples, tels que les signes doubles, composés ou complexes, les accents, les points, les chiffres, etc.

CHAPITRE TROISIÈME.
Article premier.

LETTRES OU CARACTÈRES.

§. 24. On nomme *lettres*, *marques* ou *caractéres*, les 25 signes simples, qui sont suivant l'alphabet usuel, (a, b, c, d, e, f, g, h, i, j, k, l, m, n, o, p, q, r, s, t, u, v, x, y, z).

§. 25. Et suivant le P B M. 1°. (p, b, m; f, v, h; k, g, x; j; t, d, n; s, z; r, l, y.) (c, q.) 2°. (e, a, o, u, i.)

§. 26. Parmi ces 25 figures ou signes incomplexes, les 20 lettres (p, b, m; f, v, h; k, g, x; j; t, d, n; s, z; r, l, y; c, q.) sont nommées *lettres-consonnes* ou simplement *consonnes*.

Je les nomme *symphónes*.

§. 27. Les 5 lettres (e, a, o, u, i,) sont nommées *Lettres-voyelles* ou simplement *voyelles*.

Je les nomme *phónes*.

§. 28. Les lettres (h et y) sont rangées ici au nombre des *consonnes* d'après la théorie du P B M.

Première Section.

VOYELLES OU PHONES.

§. 29. Les lettres majuscules E, A, O, U, I, et parfois V-U, et Y-I, sont nommées *voix* ou *voyelles*, parce qu'elles servent à représenter les sons naturels de la voix humaine ou la voix elle-même, telle que tout individu bien organisé, peut à volonté et sans étude la produire, l'émettre de son gosier, la prolonger et la soutenir indéfiniment.

§. 30. Les voyelles forment *seules* la base des sons écrits, lus ou *prononcés* qu'on nomme *syllabes, mots, phrases, discours*. Elles s'écrivent, se lisent et se prononcent successivement, soit qu'elles soient ou non, modifiées par quelques *aphónes* ou *articulations*, et méritent dès lors une attention toute particulière pour les cas ou elles forment les *syllabes articulées*, nommées *symphònes, ecphònes et synecphònes*.

Deuxième Section.

CONSONNES OU SYMPHONES.

§. 31. Les lettres majuscules P, B, M; F, V, H; K, G, X; J; T, D, N; S, Z; R, L, Y; (C, Q ;) et parfois U-V, et I-Y sont nommées *consonnes*, parce qu'elles servent à représenter l'effet d'un mouvement instantané, vif et rapide, soit des lèvres, soit de la langue, Exécuté avec plus ou moins de force et de précision dans le moment même ou une voix ou voyelle est émise du gosier.

§. 32. Ces lettres, nommées aussi *muettes* ou *aphônes*, ne donnent aucun son par elles-mêmes et modifient d'une manière très passagère, les voyelles ou phônes, sans le secours des quelles, elles ne peuvent être ni lues, ni prononcées, d'où vient le nom *consonne*, mot qui avec les mots sous-entendus *lettre* et *lettre-voyelle*, veut dire, lettre *qui-sonne-avec* lettre-voyelle.

§. 33. Les consonnes, outre qu'elles diffèrent

essentiellement des voyelles, offrent cela de particulier, qu'on ne peut les prolonger, ni les soutenir pendant une seule seconde; donc si l'on essaye de les prolonger, il faut très souvent et à de très petits intervalles, renouveler l'action qui les produit et qui les caractérise.

§. 34. Le mouvement extrêmement rapide des lèvres ou de la langue, Qui produit ainsi les consonnes, se nomme *articulation.*

§. 35. La voix ou la voyelle émise au moment même où l'articulation à lieu, se nomme *son articulé* ou *syllabe articulée.*

§. 36. Les muettes, aphônes ou consonnes lues et prononcées se nomment aussi *sons composés,* ou mieux *sons articulés,* c'est à dire, *sons avec articulation*, et servent à former les *syllabes articulées* nommées, *symphònes, ecphònes* et *synecphònes.*

§. 37. Les voix ou voyelles se nomment aussi *sons simples,* ou mieux *sons inarticulés,* c'est-à dire, *sons sans articulation*, et forment les syllabes inarticulées nommées *phónes.*

Article deuxième.

ACCENTS OU SIGNES DE PRONONÇIATION.

§. 38. On nomme *accents*, de petites marques où figures, qui placées au contour des lettres simples, servent: 1.° à représenter plusieurs sons simples, n'ayant pas de signes de représentation dans l'écriture ; 2.° à fixer la prononçiation et la véritable acception de plusieurs lettres ou signes; 3.° Enfin à former, en double emploi, plusieurs autres *signes*.

§. 39. Les accents doivent toujours être placés dans les ouvrages élémentaires et n'être regardés par le lecteur que comme des moyens accessoires.

§. 40. Aussi celui qui sait lire, doit–il savoir se passer de ces signes et lisant souvent sans accents et même sans quelques lettres, ne voir chaque syllabe, chaque mot, chaque phrase, que dans tout son ensemble, comme *un seul signe* écrit d'une maniére plus ou moins correcte.

Article troisième.

SIGNES EN GENERAL.

§. 41. On nomme *signe*, une, deux ou plusieurs marques, lettres ou figures accompagnées ou non d'accents, qui simples ou incomplexes , grouppées ou réunies, servent à représenter *un seul objet* ou *un seul son*, ayant ou n'ayant pas de signes de représentation dans l'écriture, soit comme son simple ou inarticulé, soit comme son composé ou articulé.

§. 42. On nomme *signe simple* ou *incomplexe* une marque, lettre ou figure représentée *seule*.

§. 43. On nomme *signe double, triple, multiple*, une même marque, lettre ou figure représentée *deux, trois* ou *plusieurs fois de suite*.

§. 44. On nomme *signe composé, deux* ou *plusieurs* marques, lettres ou figures, qui représentées réunies *deux à deux, trois à trois* ,etc. *Ne conservent aucunement* l'acception, la valeur ou la signification qui leur est généralement assignée, lorsqu'elles sont représentées isolément.

§. 45. On nomme *signe complexe, deux* ou *plusieurs* marques, lettres ou figures, qui représentées réunies *deux à deux, trois à trois,* etc. *Conservent invariablement* l'acception, la valeur ou la signification qui leur est généralement assignée, lorsqu'elles sont représentées isolément.

§. 46. Cette division des signes en *simples, doubles, composés* ou *complexes,* s'applique à *tout,* tel que *lettres, voyelles, consonnes, signes, sons, syllabes, mots, accents, chiffres, points,* etc.

§. 47. On nomme donc *en général signes,* toutes figures *simples, doubles, composées ou complexes,* employées, tant pour représenter les sons de la voix, que pour représenter les divers objets de nos pensées, tels que les *signes* nommés emblèmes, symboles, hiéroglyphes, portraits, cocardes, tableaux, images, cachets.

Article quatrième.

CHIFFRES OU SIGNES DE NUMÉRATION.

§. 48. On nomme *chiffres*, *numéros* ou N.^{os}, les petites figures, marques ou signes (0, 1, 2, 3, 4, 5, 6, 7, 8, 9,) qui par leurs combinaisons infinies, formant à part, la plus riche de toutes les langues et aidant: soit à fixer la quantité des objets, dont on veut parler; soit à les nombrer; soit à les calculer; soit à les ranger dans *un ordre numérique*, servent non seulement à *abréger l'écriture*, mais encore à la représenter d'une manière telle, que la prononciation en a lieu, comme si les mots étaient écrits en toutes lettres.

§. 49. Cette observation qui n'a été faite par aucun écrivain, mérite d'être remarquée par les lecteurs, à qui elle est d'autant plus importante qu'elle s'applique à une foule d'autres signes employés chaque jour pour abréger l'écriture.

Article cinquième.

POINTS OU SIGNES DE PONCTUATION.

§. 5o. On nomme *points*, les petites marques ou figures, (. : , ; ? !) qui placées à la suite des lettres, des mots ou des chiffres, servent : à représenter les silences, les pauses ou les repos de la voix; a fixer la valeur d'un chiffre; enfin, a déterminer l'acception d'une lettre, d'un mot, d'une phrase, d'un signe.

§. 51. L'emploi d'une bonne ponctuation facilite l'intelligence des autres signes, rend la lecture plus aisée, indique au lecteur quand il doit élever la voix, la soutenir ou la reposer, et le porte tacitement a lire et a prononcer convenablement un signe, un chiffre, une syllabe, un mot, une phrase, un discours.

§. 52. C'est en effet dans la belle prononciation des signes et dans l'observation exacte de la ponctuation que consiste l'art de bien lire.

P. B. M. FRANÇAIS.

CHIFFRES.	SYMPHONES Simples, Composées et Complexes.				PHONES Composées, dites Nasales.		
1	2	3	4	5	6	7	8
			(*)				
1	P	B	M			EN——EM	
2	F	V	H		$\overline{\text{E}}$—	EN——EM	
3	K	G	X	——CÇ		ÉN——EM	
4	ÇH	J	TÇH	DJ		ÈN——EM	
5	T	D	N			AN——AM	
6	S	Z	TS,	DZ	$\overline{\text{A}}$—	AN——AM	
7	R	L	I	——ï	$\overline{\text{O}}$—	ON——OM	
8	LL	Y	GN			ON——OM	
9	S	Z	CS,	GS		OUN —OUM	
10	X	X	X			EUN —EUM	
11	Ç	S	TI		$\overline{\text{U}}$—	UN——UM	
12	PH	U	W		$\overline{\text{I}}$—	IN ——IM	

(*) Ajoutez E muet à la suite de chaque consonne ou réunion de consonnes et prononcez
pe, be, me; fe, ve, he; ke, gue, xe —— cçe, etc.

PHONES Simples, avec et sans ACCENTS.				SYMPHONES Doubles, Composées et Complexes.				POINTS.
9	10	11	12	13	14	15	16	17
							(*)	
'	E	·	E	PP	BB	MM		.
E—E	E	··	E	FF	VV	HH		:
	É	´	È	KK	GG	CKS	cgz	,
	Ê	`	Ê	SCH	GG	X	J	;
	A	◡	A	TT	DD	NN		?
A—A		-	A	SS	ZZ	TH	DH	!
O—O		'	O	RR	LL	II — ii		!..
	O	ˇ	O	ILL	IY-Y	IGN		*
	OU	—	OU	SS	ZZ	CCS		§
	EU	—	EU	X	X	XÇ		=
U—U		(-y-)	U	SÇ	CZ	GZ	CTI	« »
I —I		(-Y-)	I	PF	UU	SH	ZH	( )

(*) Ajoutez E muet à la suite de chaque consonne ou réunion de consonnes et prononcez
ppe, bbe, mme; ffe, vve, hhe; kke, ggue, xçe, etc.

	1	2	3	4	5	6	7	8
1	P	B	M				en-em	
2	F	V	H				e -ën-em	
3	K	G	X				én-em	
4	ÇH	J	TÇH				èn-em	
5	T	D	N				an-am	
6	S	Z	TS				a-àn-am	
7	R	L	I-ï				o-òn-om	
8	LL	Y	GN				on-om	
9	S	Z	CS				oun-oum	
10	X	X	X				eun-eum	
11	Ç	S	TI				u-un-um	
12	PH	U	W				i -in- im	

9	10	11	12	13	14	15	16	17
'	e	•	ê	PP	BB	MM		•
e	ë	••	é	FF	VV	HH		:
	é	´	è	KK	GG	CKS		,
	è	'	ê	SCH	GG	X, J		;
	a	˘	à	TT	DD	NN		?
a	à	¯	â	SS	ZZ	TH		!
o	ò	^	ô	RR	LL	II-ii		!...
	o	˅	ò	ILL	IY	IGN		★
	ou-oû			SS	ZZ	CCS		§
	eu-eû			X	X	XÇ		=
	uu (v)		ù	SÇ	GZ	CTI		« »
	ii (y)		ì	PF	UU	SH		( )

	1	2	3	4	5	6	7	8
1	p	b	m				EN	-EM
2	f	v	h		E		-EN	-EM
3	k	g	x				EN	-EM
4	ch	j	tch				EN	-EM
5	t	d	n				AN	-AM
6	s	z	ts		A		-AN	-AM
7	r	l	i-ï		o		-ON	-OM
8	ll	y	gn				ON	-OM
9	s	z	cs				OUN	-OUM
10	x	x	x				EUN	-EUM
11	c	s	ti		U		-UN	-UM
12	ph	u	w		I		-IN	-IM

9	10	11	12	13	14	15	16	17
'	E	•	E	pp	bb		mm	•
E	E	¨	É	ff	vv		hh	:
	É	´	È	kk	gg		cks	,
	È	`	Ê	sçh	gg		x,j	;
	A	˘	A	tt	dd		nn	?
A	A	‾	A	ss	zz		th	!
O	O	^	o	rr	ll		ii	! •
	O	ˇ	o	ill	iy		ign	★
OU		-	OU	SS	ZZ		CCS	
EU		-	EU	X		X	XÇ	=
U	U	(V)	U	sç	gz		cti	« » « »
I	I	(Y)	I	pf	uu		sh	( )

	1	2	3	4	5	6	7	8
1	p	b	m				en-em	
2	f	v	h	e		-én-ém		
3	k	g	x				èn-èm	
4	chj	tçh				ên-êm		
5	t	d	n				an-am	
6	s	z	ts	a		-àn-àm		
7	r	l	i-ï	o		-òn-òm		
8	ll	y	gn				on-om	
9	s	z	cs				oun-oum	
10	x	x	x				eun-eum	
11	ç	s	ti	u		-un-um		
12	ph u w	i				in-im		

9	10	11	12	13	14	15	16	17
'	e	.		e	pp	bb	mm	•
e	ë	..		é	ff	vv	hh	:
	é	´		è	kk	gg	cks	,
	è	`		ê	sch	gg	x, j	;
	a	˘		à	tt	dd	nn	?
a	à	-		â	ss	zz	th	!
o	ò	˄		ô	rr	ll	ii	!:
	o	˅		ò	ill	iy	ign	⋆
	ou-oû			ss	zz	cqs		§
	eu-eû			x	x	xç		=
u	u	(v)		û	sç	gz	cti	((•))
i	i	(y)		ì	pf	uu	sh	( )

SYMPHONES   PHONES

CHIFFRES	Simples.			Composées.		Nasales.	
1	2	3	4	5	6	7	8
1	P	B	M	PH		★	
2	F	V	H	W	E - EN - EM		
3	K	G	X	CH		★	
4	★	J	★	ÇH		★	
5	T	D	N	TH		★	
6	S	Z	★	TI	A - AN - AM		
7	R	L	★	ILL	O - ON - OM		
8	★	Y	★	GN		★	
9	APHONOMES.			GU	OUN-OUM		
10	C Q (CÇ)			QU	EUN-EUM		
11	*Les étoiles marquent les lacunes et les omissions.			CTI	U - UN - UM		
12				SH	I - IN - IM		

Notez que, 1° les colonnes 2, 3, 4 et 9, donnent les 20 consonnes et les 5 voyelles de l'Abécè. (*Voyez le* § 24.) 2° que les lettres c, q, cç, et les

PHONES

Simples avec et sans accents.			Composées et complexes.		Nasales composées.		POINTS.
9	**10**	**11**	**12**	**13**	**14**	**15 16**	**17**
'	★	·		ES	HE	ENT	°
E	★	¨	E	AE	OE	EIN	:
★	É	´	È	EI	EY	EIM	,
★	È	`	Ê	AI	AY	AIM	;
★	A	˘		OI	OY	AIN	?
A	★	¯	A	OI	OY	AI	!
O	★	^	O	AU	EAU	OI	!...
	★	ˇ		OO	U	OIN	¶ ★
	★	=		U	OU	OUIN	§
		--		EU	OEU	UEN	[=]
U	(V)		U	OU	AU	UIN	«✝»
I	(Y)		Î	Y	I-ï	IEN	(--)

signes de la col. 5 sont des symphònes et des symphonòmes du pbm; 3° que les col. 10,12,13,14;6, 7,8,15,16, sont des phònes et phonòmes du pbm.

Article sixième.

APHONES OU LETTRES MUETTES.

§. 53. *D*. Que nomme-t-on aphònes ?

§. 54. *R*. On nomme *aphònes*, les lettres qui, ne pouvant être ni lues, ni prononcées seules, se joignent aux lettres-voyelles où phònes, les modifient et forment ensemble les symphònes, les ecphònes et les synecphònes. (*Voyez les* §31 et 32)

§. 55. D'où l'on voit : 1.° Que pour lire et prononcer une aphòne, il faut de toute nécessité lui joindre une phòne et lui donner le nom de l'une des syllabes articulées dénommées ci-dessus.

§. 56. 2.° Que, si dans le P B M. français les aphònes ont le nom des syllabes de la 2.° classe et se nomment *symphònes*, çela tient à çe que *dans toutes les langues connues*, elles sont lues et prononcées avec la phòne E (N 1.) souvent sous-entendue, ainsi qu'il appert dans la prononciation de *toutes les symphònes complexes*.

§. 57. 3°. Que, ne pouvant être ni lues, ni prononcées *seules*, ces lettres sont réellement des lettres muettes où aphònes, utiles physiquement à la vue et au toucher, soit pour les observer dans leurs liaisons, leurs contours et leur tracé; soit pour les observer dans leur grandeur et leur forme plus ou moins variées.

§. 58. 4°. Que les *phónes elles-mémes* (si elles ne sont ni lues, ni prononcées,) peuvent être nommées *aphònes,* bien que ce soit plus particulièrement les lettres-consonnes qui portent ce nom, parçe-qu'elles ne représentent que le mode d'articulation des sons, et qu'elles sont *toujours* lettres-muettes.

§. 59. 5°. Que c'est alors et seulement alors, que n'étant ni lues, ni prononcées, les 25 lettres simples peuvent *toutes* conserver les dénominations qu'elles ont eues jusqu'a ce jour dans l'alphabet de chaque langue, et ce, pour les usages particuliers qu'on en fait dans l'écriture, l'imprimerie, la gravure, l'algèbre, la géométrie, le dessin, les rébus et la description des machines.

§. 60. 6.° Enfin que, n'étant ni toutes lues, ni toutes prononcées, lorsqu'on syllabe plusieurs mots de suite, les lettres simples sont souvent muettes et principalement les consonnes, qui finissant un mot, se trouvent placées devant un autre mot commençant aussi par une consonne.

§. 61. *D.* Il parait d'après cela, que vous nommez aphónes, les 25 lettres de l'alphabet usuel ?

§. 62. *R.* Oui, mais avec cette différence essentielle; que je nomme aphònes *générales*, toutes les lettres, seules ou réunies, c'est à dire, simples, doubles, composées où complexes, et je les considère alors comme *caractères d'imprimerie,* ou plutôt comme *objets* n'ayant nuls rapports à la lecture, ni à la prononciation; au lieu que, lorsqu'il s'agit de lire ou de prononcer les phònes ou les syllabes que ces 25 lettres servent a représenter, je nomme aphònes *particulières*, les seules lettres-consonnes, en les considérant alors comme essentiellement muettes et comme signes servant simplement à indiquer la manière d'articuler les lettres-voyelles. (V. §. 32.)

§. 63. *D.* A quoi servent les aphònes ?

§. 64. *R.* Les aphònes, ayant toutes une dénomination particulière et distincte de leurs *aphonómes*, servent à différencier des phònes où des syllabes, dont il serait téméraire de vouloir changer l'orthographe, parce que la manière dont elles s'écrivent, offre dans chaque langue une signification fixe, déterminée et adoptée depuis très long-temps.

§. 65. *D.* Dites-nous quels sont en français les noms particuliers, et des 25 lettres simples, et des caractères de lettres les plus employés?

§. 66. *R.* Voici les noms que vous me demandez, selon l'ordre et la nomenclature du PBM. (*voyez les* §. 25, 26, 27 *et les tabl.* N. 1,2,3,4,6,7,)

§. 67. NOMS ANCIENS DES LETTRES FRANÇAISES.

1.°   p   b   m;   f   v   h;   k   g   x;   j;
   pée,bée,émme;éffe,vée,hache; kâ,gée,ikse;jî;
  t   d   n;   s   z;   r   l   y;   c   q.
tée, dée, énne;ésse, zéde; êrre, élle, *igrec*; sée; ku.
2°.   e (N 2);   â (N6);   ô (N 7);   u (N 11);   i (N 12).
    e   a   o   u   î.

CARACTÈRES ROMAINS.

§. 68. LETTRES MAJUSCULES OU GRANDES CAPITALES ROMAINES.

1. P B M, F V H, K G X, J, T D N, S Z, R L Y. (C Q).

2. E A O U I.

§. 69. LETTRES MINUSCULES OU PETITES CAPITALES ROMAINES.

1. P B M, F V H, K G X, J, T D N, S Z, R L Y. (C Q).

2. E A O U I.

§. 70. LETTRES INFÉRIEURES (OU BAS DE CASSE) ROMAINES.

1. p b m, f v h, k g x, j, t d n, s z, r l y. (c q).

2. e a o u i.

CARACTÈRES ITALIQUES

§. 71. LETTRES MAJUSCULES OU GRANDES CAPITALES ITALIQUES.

*1. P B M, F V H,
K G X, J, T D N,
S Z, R L Y. (CQ).
2. E A O U I.*

§. 72. LETTRES MINUSCULES OU PETITES CAPITALES ITALIQUES.

*1. P B M, F V H, K G X, J,
T D N, S Z, R L Y. (C Q).
2. E A O U I.*

§. 73. LETTRES INFÉRIEURES (OU BAS DE CASSE) ITALIQUES.

*1. p b m, f v h, k g x, j,
t d n, s z, r l y. (c q).
2. e a o u i.*

Article septième.

APHONOMES OU LETTRES DE REÇHANGE.

§. 74. *D.* Que nomme–t–on aphonòmes?

§. 75 *R.* On nomme *aphonòmes* des lettres ou des réunions de lettres, qui équivalant à d'autres lettres ou à d'autres réunions de lettres, peuvent à la rigueur se remplacer, quand l'usage de la langue ne s'y oppose pas, ainsi les aphònes *c* et *q* sont les aphonòmes de *k; ph* de *f; g* de *j; ç et t* de *s; s* de *z;* et *cç, ct, ks, kç, cks, xç,* de *x;* etç.

§. 76. Les syllabes, de même que les 25 lettres simples, ont des remplaçantes, des équivalentes, qui tirent leurs noms de la *classe de la syllabe* dont elles sont signes de reçhange; de sorte que les syllabes étant nommées: 1.° phònes; 2.° symphònes; 3.° ecphònes; et 4.° synecphònes; leurs équivalentes ou leurs remplaçantes se nomment 1.° phonòmes; 2.° symphonòmes; 3.° ecphonòmes et 4.° synecphonòmes.

§. 77. Remarquez içi que les aphònes étant *générales* ou *particulières*, leurs aphonòmes sont également *générales* ou *particulières*.

§. 78. D. l'étude des aphònes et de leurs aphonòmes offre-t-elle de grandes difficultés?

§. 79. R. Oui beaucoup, en effet ce sont principalement les difficultés qu'offrent les aphònes et leurs aphonòmes, qui arrêtent si long-temps, non seulement ceux qui apprennent à lire, mais encore ceux qui veulent écrire et se conformer ponctuellement à l'orthographe.

§. 80. Nous réunissons içi sur quelques tableaux de comparaison, les principales lettres de rechange en les rapportant aux phònes et aux symphònes du p b m. Français, et nous prions les lecteurs de suivre exactement sur ces tableaux, les numéros des *lignes* et des *colonnes*, affectés à chacun des signes de cet ouvrage, afin de saisir les variétés d'une foule de syllabes dont l'orthographe, n'étant et ne pouvant être, pour ainsi dire, assujettie à aucune règle, varie selon la bizarrerie et le caprice des écrivains.

CHAPITRE QUATRIÈME.

AVANTAGES RÉELS DU P B M. FRANÇAIS.

§. 81. *D.* Dites-nous maintenant quels sont les autres avantages réels du P B M. français ?

§. 82. *R.* Les autres avantages réels du P B M. consistent: 1.° en ce que les signes qui représentent la parole, sont *tous* sans exception, classés et présentés d'une maniére claire et méthodique.

§. 83. 2.° En ce que les *syllabes* classées et présentées sous un nouveau jour, ne forment avec les signes qui les composent, *qu'une seule et méme étude*, dont les règles offrent peu d'exceptions.

§. 84. 3.° Enfin en ce que, sitôt qu'on sait lire et prononcer ces mêmes signes, on sait former *toutes sortes de syllabes* et dès lors, lire et prononcer toutes sortes de mots et de phrases.

La lecture des chapitres qui vont suivre, fera du reste ressortir avec plus d'évidence, tous les avantages que je viens de signaler.

CHAPITRE CINQUIÈME.

REGLES DU P B M. FRANÇAIS.

§. 85. *D.* Qu'elles sont les règles du pbm?

§. 86. *R.* Les principales règles du P BM. français, sont au nombre de *neuf*, ainsi qu'il suit :

§. 87. La 1.ʳᵉ est de ranger, classer et numéroter *tous les signes*, qui servent à représenter la parole, dans l'ordre naturel que reclament les organes particuliers qui la produisent.

§. 88. La 2.ᵉ est de présenter et d'étudier tous ces signes, *collectivement* sur un *seul* tableau synoptique, copié *quatre* à *cinq* fois de suite avec des *caractères variés*, pour aider la mémoire à retenir plus facilement par la comparaison qu'on doit en faire faire à chaque leçon, et les signes eux-mêmes, et leurs dénominations. (Voyez ci-dessus les tableaux N.° 1, 2, 3, 4 et 5).

§. 89. La 3.ᵉ est d'étudier d'abord les *aphònes* ou *consonnes*, nommées ici *symphònes* parçe qu'elles sont toujours prononcées avec *(l'E muet,)* ou E (n.° 1;) puis, les phònes ou voyelles; et enfin, *touts les autres signes* employés, soit pour classer, abréger ou determiner les principaux d'entr'eux; soit pour indiquer les repos de la voix, quand on vient de les prononcer; tels que les chiffres, les accents, les points et divers signes d'abréviation généralement usités.

§. 90. La 4.° est de présenter et d'étudier ces mêmes signes *en détail,* sur plusieurs tableaux numérotés et dréssés selon la série et selon la position respective des lettres où des signes, dont les syllabes se composent, en étudiant : d'abord, les syllabes articulées, dites *symphònes, ecphònes* et *synecphònes* et leurs aphonòmes nommées, *symphonòmes, ecphonòmes* et *synécphonómes;* puis, les syllabes inarticulées, dites *phònes,* et leurs aphonòmes, nommées *phonòmes.*

§. 91. La 5.° est de donner la manière d'écrire, de lire et de prononcer *ces 4 classes de syllabes,* base de la lecture dans toutes les langues, en les faisant lire et prononcer dans une infinité de mots choisis de manière à les représenter et à les lire tantôt isolées, tantôt réunies.

§. 92. La 6.ᵉ est de faire écrire, lire et prononcer distinctement les phònes ou syllabes articulées les prémières, parçeque leur énonçiation demande plus d'exerçiçe et plus d'étude.

§. 93. La 7.ᵉ est de faire écrire, lire et prononcer les phònes E (n.º 1 et 2), en les faisant : 1.º *précéder*; 2.º *suivre*; ou 3º. *précéder* et *suivre* d'une aphòne ou articulation quelconque.

§. 94. La 8.ᵉ est de faire écrire, lire et prononcer distinctement et successivement toutes les autres *voyelles*, en les soumettant tour à tour et d'une manière analogue aux exerçiçes variés et méthodiques, employés pour les phònes E (n.º 1 et 2) et de faire former avec elles, conformément à la 7.ᵉ règle, des syllabes articulées offrant des difficultés de plus en plus grandes.

§. 95. La 9.º est de faire écrire, lire et prononcer *correctement*, des syllabes et des mots *écrits* *ncorrectement*, soit sous le rapport des lettres, soit sous le rapport des accents.

4

CHAPITRE SIXIÈME.

SYLLABES EN GENERAL.

PAROLE, MOTS, PROPOSITIONS, PHRASES, DISCOURS.

§. 96. *D.* Que nomme-t-on syllabe ?

§. 97. *R.* On nomme *syllabe* la prononciation d'une phòne *avec* ou *sans* aphòne, par une seule et même émission de voix; ou bien, la prononciation d'une lettre voyelle, seule ou réunie à d'autres lettres.

§. 98. Remarquez, que les *syllabes* sont *simples, doubles, composées* ou *complexes*, toutes les fois que les phònes et les aphònes qui les forment, sont elles-mêmes *simples, doubles, composées* ou *complexes*.

§. 99. *D.* A quoi servent les syllabes ?

§. 100. *R.* Les syllabes écrites, lues ou prononcées servent à représenter la *parole* et dès lors à former les *mots* dont l'homme se sert pour transmettre ses idées à ses semblables.

§, 101. *D.* Que nomme-t-on parole ?

§. 102. *R.* On nomme *parole*, les *sons* que l'homme *civilisé* émet successivement pour former les mots.

§. 103. *D.* Que nomme-t-on mot ?

§. 104. *R.* On donne le nom de *mot* à la parole elle-même, figurée par les signes de l'écriture c'est-à-dire, figurée par *une* ou *plusieurs lettres* et formée *d'une* ou de *plusieurs syllabes.*

§. 105. Ce qui fait: 1.° que l'on nomme *mono-gramme*, le *mot* qui n'a qu'*une* lettre; *digramme*, le *mot* qui a *deux* lettres; *trilettére*, le *mot* qui a *trois* lettres et *poly-gramme* le *mot* qui a *plusieurs lettres.*

§. 106. Et 2.° que l'on nomme *mono-syllabe*, le *mot* qui n'a qu'*une* syllabe; *dissyllabe*, le *mot* qui en a *deux; trissyllabe*, le *mot* qui en a *trois; tétra-syllabe*, le *mot* qui en a *quatre; poly-syllabe*, le *mot* qui en a *plusieurs.*

§. 107. Notez, que si une consonne entre deux voyelles fait toujours *deux* syllabes, une voyelle entre deux consonnes ne fait qu'*une* syllabe.

§. 108. *D.* A quoi servent les mots ?

§. 109. *R.* Etant formés *d'une* ou de *plusieurs phónes,* successivement émises *avec* ou *sans* aphones, et ayant *seuls* ou *réunis,* une signification déterminée, *les mots en général* servent à exprimer nos *idées* sur des objets réels ou imaginaires, et dès lors à former par leur arrangement entr'eux, les propositions, les phrases, les discours, dont nos jugements et nos pensées se composent.

§. 110. *D.* Que nomme-t-on propositions, phrases, discours ?

§. 111. *R.* On nomme *propositions, phrases, discours, une* ou *plusieurs réunions de mots* écrits lus, ou prononcés, formés *d'une* ou *de plusieurs syllabes,* ayant touts une signification fixe et déterminée, tant pour exprimer nos idées sur des objets réels ou imaginaires, que pour exprimer nos jugements, et nos pensées sur ces mêmes objets.

§. 112. D'où l'on voit que, sous le rapport de la lecture et de la prononciation, *l'étude* des *mots,* des *propositions,* des *phrases,* des *discours,*

En un mot, l'étude de *plusieurs syllabes* qui se succèdent, *est la même* que celle de *plusieurs phònes* qui se succèdent et qui, prononcées *avec* ou *sans* aphònes, forment *seules* les *sylla-bes* ou les *réunions de syllabes* employées pour représenter la parole.

§. 113. Ainsi se trouve confirmé de la manière la plus évidente, tout ce que nous avons dit dans les §. 30, 32, 35, 37, 83 et 84.

DIVISION DES SYLLABES.

§. 114. *D.* Comment se divisent les syllabes ?

§. 115. *R.* Les syllabes *en général*, se divisent en *deux sections*. La 1.re sous le nom de *syllabes inarticulées*, comprend les *phònes* ou *la* 1.re classe. leur étude est facile, et nous nous en occuperons en *dernier* lieu. La 2.e sous le nom de *syllabes articulées*, comprend les symphònes, les ecphò-nes et les synecphònes ou la 2.e, la 3.e et la 4.e classe. Leur étude offrant quelques difficultés, nous nous en occuperons en *premier* lieu.

CHAPITRE SEPTIÈME.

SYLLABES ARTICULÉES.

§. 116. *D.* Que nomme-t-on syllabe articulée?

§. 117. *R.* On nomme *syllabe articulée, phòne* ou *voyelle articulée*, la prononciation d'une phòne avec *une* ou *plusieurs* aphònes.

§. 118. *D.* Comment se divisent ces syllabes ?

§. 119. *R.* Elles se divisent en 3 classes qui, sous les noms de symphònes, d'ecphònes et de synecphònes, forment la 2.° section des syllabes en général. (Voyez le § 115.)

§. 120. *D.* Comment prononce-t-on ces trois classes de syllabes articulées?

§. 121. *R.* On les prononce ainsi qu'il est dit dans les articles 1, 2, 3, 4, 5, 6 et 7 de ce chapitre.

§. 122. *D.* Comment prononce-t-on les symphonòmes, les ecphonòmes et les synecphonòmes autrement dites, les remplaçantes de ces syllabes?

§. 123. *R.* On les prononce comme les syllabes dont elles sont les remplaçantes. (Voyez le §. 75.)

§. 124. *D.* Prononçe-t-on toujours toutes les lettres des syllabes en général ?

§. 125. *R.* Non. Car il *est* de règle que la plupar*t* de*s* lettre*s* q*ui* finiss*ent* le*s* syllabes où le*s* mo*ts*, ne doive*nt* pas être prononçée*s* deva*nt* d'autre*s* syllabes où d'autre*s* mo*ts* commen*ç*ant par une co*n*sonne : ai*n*si toute*s* le*s* lettres itali*-*que*s* de *ç*e §. so*nt* de véritables aphònes e*t* ne se prono*n*çe*nt* pa*s* da*n*s la lecture.

§. 126. *D.* Çette régle est-elle générale?

§. 127. *R.* Oui, a l'excep*t*ion de quelques synecphònes terminées par une ou plusieurs consonnes, telles que çelles çitées dans le §. 151.

§. 128. *D.* La position que tiennent les lettres de deux syllabes qui se succèdent dans *un* mot ou dans *deux* mots, n'influe-t-elle pas sur la manière habituelle de les prononçer ?

§. 129. *R.* Oui, elle influe beaucoup; car selon que les lettres sont *initiales, médiales* ou *finales,* c'est-à-dire, selon qu'elles occupent le *commen-cement,* le *milieu* ou la *fin* de telle ou telle syllabe, de tel ou tel mot, elles doivent ou ne doivent pas être prononçées et même selon que la syllabe suivante commençe par une voyelle ou par une consonne, elles ne doivent pas être prononçées de la même manière, ainsi que nous le démontrerons plus tard. En attendant, voyez les règles des syllabes articulées exposées dans le quatrième article de çe chapitre.

§. 130. *D.* L'étude des syllabes articulées ou autres offre-t-elle de grandes difficultés ?

§. 131. *R.* Oui beaucoup, si l'on n'a pas de tableaux ou les signes, qui entrent dans la composition des syllabes, ne soient pas classés et représentés d'une manière claire et méthodique; Çe dont on peut juger d'après le seul examen de l'alphabet usuel (tableau n.° 5) ou les phònes *e*, *é*, *é*, et *èn*, ont pour phonòmes, la 1.ʳᵉ *es*, *he;* la 2.ᵉ *è*, *ae*, *ei*, *ai*, *oi*, *e*, *oe*, *ey*, *ay*, *oy; la* 3.ᵉ *ai*, *oi*, *ay*, *oy*, *e;* et la 4.ᵉ *ein*, *eim*, *ain*, *aim*, *in*, *en*, *im* et où les signes, *ai* et *aï; au* et *aü; ou* et *oü oi* et *oï* sont absolument écrits de la même manière. (Voyez les colonnes 9, 10, 12, 13, 14, et 15, de ce tableau.)

Article premier.

SYMPHONES.

§. 132. *D.* Que nomme-t-on symphòne?

§. 133. R. On nomme *symphòne* la liaison d'une *aphòne* et d'une *phòne,* ou bien toute consonne ou toute réunion de consonnes, employée pour représenter un son *préçédé* d'une articulation.

§. 134. Ce qui fait: 1.° Que dans la lecture où la prononçiation de toute *symphòne* ou syllabe le signe-voyelle en l'articulant avec le signe-consonne qui le *préçéde* immédiatement.

§. 135. 2.° Que les symphònes se prononcent comme la *dernière syllabe* des mots de la 3.ᵉ et de la 4.ᵉ colonne des tableaux du chapitre 7.ᵉ

§. 136. Et 3.° que touts les mono-syllabes ou plutôt les mots çités dans le §. 149, sont de véritables symphónes, de même que les syllabes analogues, placées au commençement, au milieu et à la fin des mots.

Article deuxième.

ECPHONES.

§. 137. D. Que nomme-t-on ecphòne?

§. 138. *R.* On nomme *ecphòne* la liaison d'une *phòne* et d'une *aphòne;* ou bien toute consonne ou toute réunion de consonnes, employée pour représenter un son *suivi* d'une articulation.

§. 139. Ce qui fait: 1.° que dans la lecture ou la prononçiation de toute *ecphóne*, on syllabe le signe-voyelle en l'articulant avec le signe-consonne qui le *suit* immédiatement.

§. 140. 2.° Que les ecphònes se prononcent comme la *derniere syllabe* des mots de la 7.° et de la 8.° colonne des tableaux du chapitre 7.°

§. 141. Et 3.° Que touts les mono-syllabes ou plutôt les mots çités dans le §. 150 sont de véritables ecphònes, de même que les syllabes analogues placées au commençement, au milieu ou à la fin des mots.

Article troisième.

SYNECPHONES.

§. 142. *D.* Que nomme-t-on synecphòne?

§. 143. *R.* On nomme *synecphòne* la liaison d'une *aphòne*, d'une *phòne* et d'une *aphòne* ou bien toutes consonnes ou toutes réunions de consonnes, employées pour représenter un son *précédé* immédiatement d'une articulation et *suivi* immédiatement d'une articulation.

§. 144. Ce qui fait: 1.° que dans la lecture où la prononçiation de toute *synecphòne*, on syllabe le signe-voyelle en l'articulant en même temps et avec le signe-consonne qui le *précéde*, et avec le signe-consonne qui le *suit*.

§. 145. 2.° Que les synecphònes se prononcent comme les symphònes et les ecphònes puisqu'elles participent de la nature de ces deux classes de syllabes. (Voyez les §. 133, 134, 138 et 139.)

§. 146. Et 3.° Que touts les mono-syllabes ou plutôt touts les mots ci-dessous çités dans le §. 151 sont de véritables synecphònes, de même que les syllabes analogues, plaçées au commençement, au milieu et à la fin des mots.

§. 147. *D.* Veuillez içi nous çiter pour exemples les syllabes articulées que vous nommez symphònes, ecphònes et synecphònes?

§. 148. *R.* Voiçi non seulement des syllabes, mais des *mots* qui sont selon votre demande, et qui méritent çes diverses dénominations.

§. 149. Les mots *fa, si, mi, la ré, loi, roi, lin, grès, grue, pain, mai, main, foin, coin, seau, sein,* sont des symphònes; et *pó,* a pour symphonòmes *peau, pau* et *pots.*

§. 150. Les mots *or, as, if, os, œil, ail, air, œuf, ours, août, ais, aix, ers, ut, ulm, aar, apt, us, inn,* sont des ecphònes et *és* a pour ecphonòmes *ais, ez.*

§. 151. Les mots, *cor, sol, bec, vis, mars, toit, luth, bœuf, poil, gaz, punch, club, rhum, cap, char,* sont des synecphònes; et *cœur,* a pour synecphonòmes *chœur; çep* a *sep; loch* a *looch....*

Article quatrième.

RÈGLES DES SYLLABES ARTICULEES.

§. 152. *D*. Quelles-sont dans le P B M. Français les principales règles à suivre pour bien prononcer toutes les syllabes articulées ?

§. 153. *R*. Voici les 4 principales règles que l'on emploie dans çette nouvelle méthode de lecturc et que l'on considère comme les meilleures, du moment ou elles offrent très peu d'exceptions.

§. 154. La 1.ᵉ est d'apprendre, non seulement a *composer* toutes sortes de syllabes, mais encore à les *décomposer*, en comptant, écrivant, lisant et prononçant généralement touts les signes qui entrent dans la composition de chacune d'elles, et même en montrant çes signes au doigt, tantôt dans les *colonnes* et dans les *lignes* des tableaux n.° 1, 2, 3, 4 et 5 du P B M. Français, tantôt dans les divers autres tableaux que contient çet excellent ouvrage.

§. 155. La 2.ᵉ Est de ne syllaber les mots que par phones, symphones et synecphones et rarement par *ecphònes*, parçeque çes dernières syllabes, plaçées au commençement, au milieu et à la fin des mots se joignent presque toujours aux syllabes qui les suivent immédiatement et se changent alors en *simples symphónes*, çe qui fait qu'elles n'ont, pour ainsi dire lieu, que dans quelques mots analogues à çeux du §. 150.

§. 156. La 3.ᵉ est de ne syllaber que très-faiblement le dernier signe de toute synecphone qui finit un mot, quand le mot suivant commençe par une voyelle.

§. 157. La 4.ᵉ Est de çhanger dans les polysyllabes *seulement*, toute synecphone qui finit un mot, en *simple symphòne*, quand le mot suivant commençe par une consonne. (Voyez le §. 125.)

§. 158. *D.* Auriez-vous à ajouter à çes règles quelques notes ou remarques utiles à çeux qui veulent lire où prononçer un discours en public?

§. 159. *R.* Oui, je ne saurais trop les inviter à lire et relire les remarques qui suivent.

§. 160. Remarquez ici que ç'est principalement pour apprendre à bien prononcer les symphones, les ecphones et les synecphones *complexes,* qu'il est utile de bien connaître touts les signes qui les composent et que ç'est aussi, pour s'habituer a les lire et à les prononcer vivement et bien, qu'il est utile de les articuler à plusieurs reprises successives et de *plus en plus vîte,* jusqu'à ce qu'on en ait acquis la prononciation la plus parfaite possible.

§. 161. Remarquez également ici, qu'un bon lecteur, dans la prononciation des syllabes, des mots, des propositions, des phrases, des discours, en un mot, dans la prononciation de plusieurs *phònes* ou *syllabes succçessives,* ne doit jamais se répéter et ne doit jamais laisser ni trop, ni trop peu d'espace de temps entre leur énonciation, afin d'être entendu très intelligiblement des personnes qui l'écoutent.

§. 162. Remarquez encore ici, qu'il n'est même pas permis à çelui qui parle, de se répéter parçequ'il nuit à la clarté de çe qu'il veut dire, si ce n'est lorsqu'il éprouve de la difficulté à bien prononcer certaines syllabes et qu'il a la certitude que ses paroles n'arrivent pas d'une manière convenable à l'oreille de ses auditeurs.

§. 163. Remarquez enfin, que c'est pour les personnes pour lesquelles il fait la lecture, que la faculté de répéter sans nécessité seulement une syllabe, est interdite à tout lecteur, et que c'est pour éviter des répétitions inutiles, fatigantes et qui lui sont souvent reprochées, que ce dernier doit et prononcer avec attention ce qu'il lit, et ne jamais se permettre de lire à haute voix avec une vitesse égale à celle qu'emploient ordinairement ceux qui tiennent une conversation familière.

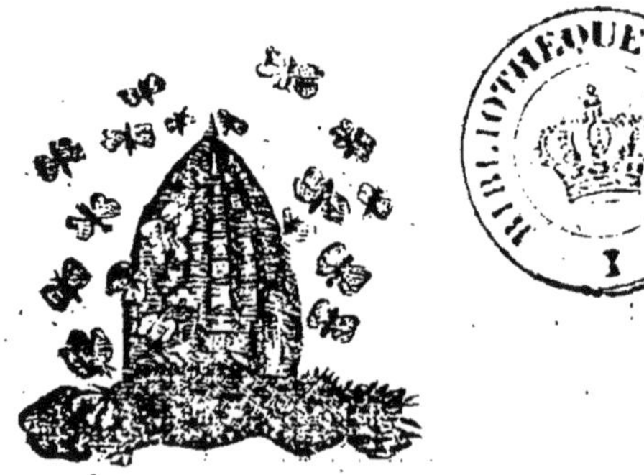

AVIS

Cet ouvrage, en renfermant une matière première, et mérite d'être entre les mains de tous les pères de famille, de tous les instituteurs, et de tous les maîtres de pension. C'est par son [...] universel, que la langue française et l'imprimerie sont appelées de nouveau à de nombreux perfectionnements, ainsi que l'auteur le fera [...] en temps et lieu.

Ne contenant rien au dessus de la portée de la plupart des lecteurs, on doit employer ce livre comme un vrai jouet d'enfant, c'est à dire qu'on doit, avec les enfants, ne faire que le feuilleter, courir de page en page, indiquant ainsi que l'on nomme pour [...] en [...] le nom et la prononciation, puis l'indiquant de nouveau le faire nommer, lire et prononcer dans les mots où il trouve.